SOBRE O AUTOR

Russell Stannard é professor de física. Passou grande parte da sua vida a realizar experiências científicas sobre a natureza da matéria, espaço e tempo, utilizando uma máquina gigante instalada em Genebra, na Suíça.

Aparece muitas vezes em programas sobre religião na rádio e televisão; nos seus tempos livres, gosta de fazer grandes esculturas.

Escreve livros para jovens, sobre a ciência e a religião. É mais conhecido pelos seus livros sobre a famosa personagem O Tio Alberto, livros que se tornaram muito populares em todo o mundo. [Na página seguinte damos a lista dos seus livros já publicados nas Edições 70.]

Tem quatro filhos já grandes, três enteados, dez netos, um gato peludo, três peixes de aquário, e cerca de quarenta rãs.

Livros de Russell Stannard publicados por Edições 70

O TEMPO E O ESPAÇO DO TIO ALBERTO
As aventuras de Gedanken, cujas experiências espaciais vão permitindo ao seu tio a elaboração da teoria da relatividade restrita.

OS BURACOS NEGROS E O TIO ALBERTO
Novas descobertas de Gedanken, a sobrinha do famoso cientista... A teoria da relatividade generalizada numa história muito aliciante que prende a atenção de todos, *independentemente* da idade.

EU SOU QUEM SOU, SAMUEL
A aventura de um jovem que, através do monitor do seu computador, recebe a visita de um intruso que inicia o diálogo afirmando ser Deus... É o início de uma viagem pelo Universo para «ver» como este surgiu.

O MUNDO DOS 1001 MISTÉRIOS
O autor prossegue as suas explicações científicas «inventando» agora o processo usado em As Mil e Uma Noites para evitar que o mundo seja destruído... Apaixonante e educativo.

PERGUNTEM AO TIO ALBERTO
Acabadinhas de sair da caixa de correio do famoso cientista tio Alberto, aqui estão 100 $^1/_2$ perguntas, todas feitas por crianças, sobre coisas como buracos negros, planetas, átomos, estrelas, nuvens, cores ou vulcões. As respostas ajudam--nos a desvendar os mais fascinantes segredos científicos do Universo...

A CURIOSA HISTÓRIA DE DEUS
Apenas algumas das grandes questões que as pessoas têm colocado ao longo dos tempos. Existirá apenas um Deus? Mas a Bíblia por vezes não refere a existência de vários deuses? Porque haveria um Deus de todo o mundo de viver no deserto? Este fascinante livro mostra como, através dos tempos bíblicos, as pessoas chegaram a um melhor conhecimento de Deus.

O TIO ALBERTO E O MUNDO DOS *QUANTA*
Nesta extraordinária missão, Gedanken penetra no mundo minúsculo dos *quarks* e dos electrões após beber o líquido contido num frasquinho mágico. Confiante na sabedoria do tio Alberto e sempre pronta para a aventura e para a descoberta, parte assim em exploração de um mundo maravilhoso de luz e de matéria, onde nada é o que parece...

CIÊNCIA E RELIGIÃO
Cientistas, teólogos e filósofos debatem descobertas científicas e crença religiosa. Um livro que levanta questões mas não procura determinar as respostas; estas poderão ser encontradas através da fé e do diálogo cada vez mais necessário entre a ciência e a religião.

A CURIOSA HISTÓRIA DE DEUS

Texto © 1998, Prof Russell Stannard
Edição original publicada sod o título
The curious history of God
por Lion Publishing plc, Oxford, England
© Lion Publishing plc, 1998

Tradução de Cristina Carvalho

Capa: arranjo gráfico de Arcângela Marques
com utilização de desenhos de Taffy Davies

Depósito Legal n.º 144294/99

ISBN 972-44-1002-1

Direitos reservados para todos os países de língua portuguesa
por Edições 70 - Lisboa - Portugal

EDIÇÕES 70, LDA.
Rua Luciano Cordeiro, 123 - 2.º Esq.º – 1069-157 LISBOA / Portugal
Telef.: 213 190 240
Fax: 213 190 249
E-mail: edi.70@mail.telepac.pt

Esta obra está protegida pela lei. Não pode ser reproduzida
no todo ou em parte, qualquer que seja o modo utilizado,
incluindo fotocópia e xerocópia, sem prévia autorização do Editor.
Qualquer transgressão à Lei dos Direitos do Autor será passível de
procedimento judicial.

A CURIOSA HISTÓRIA DE DEUS

RUSSELL STANNARD

Illustração de
Taffy Davies

De que trata este livro

- Se existe um só Deus, porque é que a *Bíblia* algumas vezes fala como se houvesse muitos?
- Se Deus é o Deus de todo o mundo, porque é que viveu no cimo de uma montanha no deserto?
- Se Deus gosta de crianças, porque é que matou os filhos primogénitos dos Egípcios?
- Se Deus é o Deus de todos os povos, porque é que afogou os exércitos egípcios (outra vez os pobres Egípcios!)?
- Se Deus é assim tão caridoso e sempre tão pronto a perdoar, porque é que se enfurecia tanto e ameaçava dizimar toda a raça humana?

Estas são só algumas das perguntas que eu costumava fazer quando era rapaz. Gostava muito de ler a *Bíblia* (bem, partes dela), mas muita coisa não parecia fazer sentido.

Só quando cresci é que percebi melhor. Do mesmo modo que a compreensão que as pessoas têm do mundo vai mudando e melhorando com o tempo (com a ajuda da ciência), também as suas ideias e compreensão de Deus vão mudando e sofrendo transformações.

As histórias da *Bíblia* foram escritas por pessoas diferentes, que viveram em épocas diferentes. Assim, não surpreende que, num lado, o retrato que temos de Deus seja diferente daquele que temos noutro.

Neste livro, conto por outras palavras algumas dessas histórias. E conto-as de um modo que mostra como as pessoas, ao longo da História, chegaram gradualmente a um melhor conhecimento de Deus.

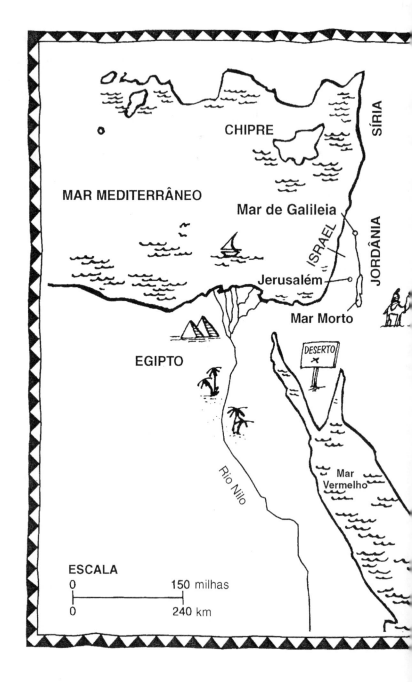

DEUSES AVARENTOS

Há muito, muito tempo, as pessoas acreditavam que o mundo era governado por deuses. Havia uma imensidão deles; eram cruéis, ferozes e sedentos de sangue.

Cada um deles tomava conta de um país ou de uma região. E todos os que viviam naqueles lugares tinham que prestar tributo àquele deus. O mesmo acontecia com as pessoas que vinham de fora; quando atravessavam a fronteira de um país para o outro, tinham que esquecer o deus anterior e começar a venerar aquele que

imperava no país onde tinham acabado de entrar. O que significava que as pessoas tinham que se prostrar diante de estátuas de ouro, pedra ou madeira.

Os deuses podiam ter forma de animais ou de pessoas; às vezes a sua forma era metade animal metade humana.

E não bastava ajoelhar diante deles a dizer quanto eram grandes, quanto eram maravilhosos. Os deuses estavam sempre famintos, precisavam constantemente

de comer. Todos os dias as pessoas tinham que fazer sacrifícios num altar, matando os seus melhores animais. E até tinham que sacrificar seres humanos. Tentavam resolver o problema matando criminosos e prisioneiros capturados na guerra – pessoas com as quais não se preocupavam muito. Mas muitas vezes isso não resultava: os deuses eram avaros. Exigiam que cada família sacrificasse o filho mais velho, e as mães e os pais tinham que lhes entregar os filhos para serem mortos. Ninguém se atrevia a desobedecer.

Os deuses faziam o que lhes apetecia. Algumas vezes cuidavam das pessoas, mas a maior parte das vezes não. Não se podia confiar nos deuses; estavam sempre a mudar de ideias. Nunca se tinha a certeza de lhes agradar. E era assim que as pessoas viviam num receio constante dos seus deuses cruéis.

MOISÉS ENCONTRA O DEUS DA MONTANHA

Um dia, há cerca de três mil anos, um homem chamado Moisés teve o choque da sua vida. Encontrou um dos deuses. Estava a pastar um rebanho de ovelhas, e algumas delas tinham-se extraviado numa encosta.

Isto poderia ter causado grandes sarilhos a Moisés, porque o deus que era o dono daquela montanha não gostava que as pessoas entrassem nas suas terras. Bastava que alguém pusesse um só pé na montanha e zás! – morria. Mas por qualquer razão, Moisés foi poupado.

Embora se diga aqui que ele "encontrou" o deus, não foi exactamente como um encontro cara a cara entre pessoas. O que Moisés realmente viu foi uma moita, que estava a arder em ondas de labaredas, embora as hastes e folhas da sarça não parecessem estar a arder. Como seria de esperar, Moisés ficou espantado com aquilo, e foi dar uma espreitadela mais de perto. Imediatamente saiu uma voz da sarça "Não te aproximes mais!" ordenou ela. Era o deus da montanha, e Moisés estacou, hirto.

O deus disse que era o deus dos Israelitas – a nação a que Moisés pertencia, mas isso não era estranho, pensou Moisés. Os Israelitas não viviam nesta montanha, estavam muito longe no Egipto. Era um povo errante e pobre, escravo dos Egípcios há mais de 400 anos. A única razão por que Moisés não estava lá com eles é porque tinha conseguido fugir.

Além disso, Moisés sabia tudo acerca do "deus dos Israelitas". Desde criança que ouvia contar como Abraão, o fundador da nação, se sentara à mesa do deus e comera com ele. Jacó, neto de Abraão, tivera uma vez uma grande briga com ele, e a partir daí mudou o nome para Israel, que significa "aquele que luta com deus".

Enquanto passeava no seu jardim ao fresco da tarde, o deus prometera a Abraão que velaria sempre pela nação dele (não se percebia é como seria possível tal coisa, pois os Israelitas eram um bando de indisciplinados, e, além disso, não passavam de simples escravos); o que é que *aquele* deus podia ter a ver com este deus da montanha – este deus que era invisível, que falava por entre as labaredas de fogo, e não deixava que ninguém se aproximasse dele?

Moisés estava confuso; queria ter a certeza de quem era este deus. "Como te chamas?" – perguntou. "Eu sou quem sou", respondeu o deus. O que era uma maneira engraçada de dizer que Moisés e os Israelitas teriam de ser pacientes e esperar. Iriam descobrir quem era por meio daquilo que ele iria fazer-lhes. E porque parecia tão especial, os Israelitas decidiram chamar-lhe simplesmente "o Senhor".

O Senhor disse então a Moisés para voltar ao Egipto e dizer ao rei que libertasse os Israelitas; e o Senhor comprometeu-se a levá-los para uma terra maravilhosa que seria só deles.

"Já é alguma coisa!" – pensou Moisés. "Mas porque é que um rei haveria de me dar ouvidos – a mim, um simples pastor?"

Mas o Senhor disse-lhe que não se preocupasse, pois ele próprio ia dar uma lição aos Egípcios. "Como é que ele vai fazer isso?" – deve ter pensado Moisés. "Pois se vive aqui, no alto da montanha! Não pode simplesmente fazer o que lhe apetecer noutro lado – muito menos num país dominado por outro deus!".

A FUGA DO EGIPTO

Mas Moisés estava enganado. Depois de o rei ter-se recusado a dar-lhe ouvidos, os Egípcios tiveram tempo de saber o que lhes tinha acontecido; primeiro, houve uma praga de sapos, depois uma de mosquitos, e ainda outra de moscas. O gado morria, as pessoas ficavam com manchas terríveis por todo o corpo, e chuvadas de granizo arrasavam as colheitas e matavam os animais que pastavam nos campos. Depois apareceram os gafanhotos,

 que cobriam a terra e comiam o pouco que restara nos campos devastados pelas tempestades de granizo.

Mas o pior estava para vir; o Senhor mostrou quão terrível era matando o filho mais velho de cada família egípcia, incluindo o filho mais velho do rei. Uma manhã os Egípcios acordaram e verificaram que não havia uma única casa em que não tivesse morrido alguém. E,  no entanto, não morrera nenhum Israelita. Estes desastres aterradores não atingiram os escravos israelitas. Foi assim que o Senhor mostrou que tinha poder para agir não só na sua própria montanha, como também podia fazer o que quisesse num país que pertencia a outro deus. Neste aspecto ele não era como os outros deuses.

A morte de tantos dos seus filhos foi o golpe final para os Egípcios, e então deixaram os Israelitas partir. Moisés pode então conduzir o seu povo para fora do Egipto.

Mas, mal eles tinham partido, os Egípcios começaram a pensar melhor no assunto – indo embora os escravos, quem iria fazer o trabalho deles? – e, mudando de ideias, mandaram os exércitos atrás dos Israelitas para os trazer de volta. Os Israelitas em fuga já tinham chegado junto ao mar, mas o caminho estava agora bloqueado. Contudo, não havia problema. O Senhor separou as águas do mar, abrindo um caminho para lhes dar passagem para o outro lado. Os perseguidores egípcios foram atrás deles, mas quando estavam a meio caminho, o Senhor mandou que as águas se fechassem de novo e todos os soldados se afogaram.

Esta fuga, ou saída, do Egipto, que ficou conhecida pelo nome de Êxodo, tornou-se o acontecimento mais conhecido em toda a história dos Israelitas. Ainda hoje é lembrada e celebrada pelos seus descendentes, os Judeus, e serviu para mostrar a Moisés que o Senhor estava na verdade do lado do seu povo.

UM ACORDO

Logo que os Israelitas se viram livres dos Egípcios, Moisés conduziu-os ao encontro do seu deus, naquela montanha especial. Mas quando lá chegaram, só a ele foi consentido subir através das nuvens até ao alto; os outros foram avisados para ficar onde estavam, pois, de outro modo, seriam fulminados! Logo a seguir vieram trovões e relâmpagos assustadores; toda a montanha tremeu, e fogo e fumo irromperam do alto. As pessoas estavam aterradas. O Senhor estava a falar com Moisés.

Quando desceu, Moisés trazia consigo duas placas de pedra com inscrições nelas gravadas. O Senhor dissera a Moisés que continuaria a ser o deus dos Israelitas, e que cuidaria deles. Mas, em contrapartida, teriam de fazer o que *ele* lhes ordenasse. A escrita nas placas de pedra dizia como eles haviam de se comportar; o que lá estava gravado eram "Os Dez Mandamentos da Lei de Deus", que ordenavam aos Israelitas como deviam viver: tinham de dizer sempre a verdade; não deveriam matar, nem roubar, nem jurar falso, não deveriam cobiçar as mulheres (ou os maridos) dos outros, ou invejar aquilo que possuíam os vizinhos. Tinham sempre de mostrar respeito ao Senhor e, muito importante também, tinham que o amar e nunca, mas nunca por nunca, poderiam adorar qualquer um dos outros deuses. Não importava em que país estivessem; tinham de o amar e adorar sempre, e só a ele.

Mas isso era difícil. Como se poderia adorar um deus que não se podia ver – um deus invisível? Nem ao próprio Moisés foi consentido olhar para a face do seu deus. (O Senhor dissera a Moisés que uma tal visão seria tão pavorosa e terrível, que o choque lhe traria morte fulminante.) Não, iria ser muito mais complicado. De facto, mesmo durante aquele breve espaço de tempo em que Moisés tinha subido às montanhas para receber as ordens do Senhor, o povo já tinha criado um novo deus – uma estátua dourada de um bezerro!

E estavam a dançar à volta dela entoando preces quando Moisés voltou; e deu-lhe uma raiva tal, ficou tão transtornado que quebrou as placas de pedra.

O Senhor também ficara furioso; a sua raiva foi ao ponto de os querer matar a todos. Mas Moisés lançou-se aos pés dele e pediu-lhe que o não fizesse. E, para alívio geral o Senhor atendeu o pedido de Moisés.

E foi assim que os Israelitas concordaram em que, de futuro, agiriam como lhes dissessem que deveriam agir; e a verdade é que não tinham muita alternativa, pois afinal fora Moisés que os libertara da escravidão, pelo que deviam tudo a ele.

Mas era uma situação muito estranha. Normalmente as pessoas adoravam o deus encarregado do país onde tinham nascido; não havia escolha, era um bocado como o nascimento de cada um, em que não temos voto na matéria sobre a pai e mãe que nos caem em sorte. E agora um dos deuses tinha *escolhido* o povo de uma nação para ser o seu, e assim fizeram um acordo.

A CAMINHO DA TERRA PROMETIDA

Uma vez que tinham abandonado as suas casas no Egipto, onde é que os Israelitas iam agora viver?
Muitos anos antes do Êxodo, o Senhor tinha prometido ao chefe israelita
Abraão que um dia o seu povo viveria num país maravilhoso que só a ele pertenceria. Iria agora cumprir a sua promessa; não era como os outros deuses – neste podia-se *confiar*.

Mas isso era esquisito. Como poderia ele conduzir o seu povo a um outro país? Não pertencia ele àquela montanha encravada no deserto? Afinal, os deuses deviam permanecer nos lugares onde se encontravam, e assim vigiarem o seu território.

Mas também nisto este deus era diferente. Os Israelitas puseram-se a caminho, mas o Senhor acompanhou-os; na verdade, era mesmo o deus deles.

Depois de vaguearem muito tempo pelo deserto escaldante, finalmente alcançaram um país chamado Canaã situado na parte oriental do Mar Mediterrâneo. Era esta a "terra prometida", que parecia fértil e acolhedora. A dificuldade era que já se encontrava ocupada pelos Cananeus, e pertencia a outros deuses chamados "Baal".

Mas não havia problema; os Israelitas fizeram uma guerra e depois de muitos anos de combate finalmente venceram e apoderaram-se da terra.

Destruíram todos os altares dos Baal e Canaã ficou sendo assim o novo território do deus *deles* – o Senhor.

Por sua vez, Moisés estava encantado por ver a

terra prometida depois de tantas caminhadas; mas só conseguiu vê-la à distância, pois, velho como já estava, morreu antes de poder lá chegar (o que foi uma pena).

Quando se encontrava no seu leito de morte, comunicou ao povo uma outra promessa que o Senhor fizera: um dia teriam um novo chefe. Os Israelitas pensaram: "Óptimo! Levar-nos-á à vitória final sobre todos os nossos inimigos". Mais tarde, viriam a chamar--lhe "O Messias", e passaram a aguardar ansiosamente pelo dia da sua chegada.

OS REIS DE ISRAEL

Naqueles tempos, muitos países eram governados por reis, mas os Israelitas eram diferentes: eram governados por juizes sábios. E isso acontecia porque consideravam o Senhor como o rei deles, e achavam que não estaria certo ter um rei na terra e outro no céu.

Mas isto não durou muito, porque o povo murmurava: "Porque é que não havemos de ter um rei como toda a gente?" E então escolheram Saul para ser o seu primeiro rei.

Não foi uma boa escolha, porque Saul só fazia aquilo que queria, e não aquilo que o Senhor lhe dizia que deveria fazer.

O Senhor ficou muito zangado com ele, e decidiu que se os Israelitas queriam um rei, era lá com eles, mas não iria permitir que o reinado passasse para as mãos de ninguém da família de Saul; ele próprio decidiria quem ia ser o próximo rei. E, para surpresa de todos, o Senhor escolheu um pastor, David, para ser o futuro rei.

David era um jovem intrépido. Quando os Israelitas lutavam contra os seus inimigos, os Filisteus, ofereceu-se para enfrentar num combate singular Golias, um gigante e o melhor soldado filisteu. Golias era tão forte e poderoso que só a sua figura inspirava terror. Seria um combate de morte. Golias estava armado até aos dentes, ao passo que David só tinha pedras e uma funda como armas. E mesmo assim David ganhou!

Foi imediatamente aclamado como herói, e a povo quis logo que ele tomasse o lugar de Saul. Mas o rei Saul não gostou disso, ficando muito ciumento com a popularidade de David; de tal maneira que por várias vezes o mandou matar, mas os seus planos falharam sempre, até que finalmente Saul se matou, depois de perder uma batalha. E foi assim que finalmente David se tornou rei.

David foi o rei mais importante que alguma vez os Israelitas tiveram. Durante o seu reinado, Israel tornou-se uma nação unida e poderosa. Fez de Jerusalém uma grande cidade. Era um homem muito religioso e amava tanto o Senhor que constantemente

fazia hinos em seu louvor. Estes cânticos eram tão bons que as pessoas ainda hoje os entoam. (Encontram-se na Bíblia, no livro dos Salmos.) O rei David viria a ser o mais famoso antecessor de Jesus.

O que não significa que ele fosse perfeito – muito longe disso. Certa vez apaixonou-se por uma mulher que já era casada. O marido era soldado. E o rei David pôs-se a imaginar a melhor maneira de se ver livre dele, e finalmente arranjou um plano; achou meios de mandar o homem para a linha da frente de uma batalha onde os combates eram mais perigosos, onde as possibilidades de morrer eram maiores. E, tal como David desejara, o pobre homem foi morto, o que deixou o caminho aberto para o rei lhe ficar com a mulher. Mas os reis *não* se deveriam comportar assim; mais tarde, veio a arrepender-se muito daquilo que fizera.

AS COISAS COMPLICAM-SE MUITO

Por morte do rei David, foi a vez de seu filho, Salomão, se tornar rei.

O seu reinado começou bem, e marcou um período em que os Israelitas estavam em paz com os vizinhos.

Decidiu que chegara a altura de construir um templo em honra do Senhor, que foi erigido na cidade capital, Jerusalém. E que templo! Era uma das grandes maravilhas do mundo.

O seu interior – paredes, tectos, e até o chão – eram cobertos de ouro puro. Na grande inauguração do templo, o rei, de pé diante do altar e rodeado de toda a gente, proclamou: "Ó Senhor Deus de Israel, não há deus como tu, nos céus ou na terra". Foram depois sacrificadas 22.000 vacas e bois e 120.000 carneiros e cabras para mostrar quanto adoravam o Senhor.

Mas havia um problema. O rei Salomão tinha imensas mulheres – 700 ao todo. (Não era isso que estava mal, porque era permitido naqueles tempos.) Problema era, sim, que algumas destas esposas tinham vindo de países estrangeiros. O Senhor já avisara o seu povo para não casar com pessoas de fora, porque se o fizessem, poderiam cair na tentação de adorar os deuses estrangeiros em lugar dele próprio. E foi exactamente isso que aconteceu: algumas das esposas de Salomão queriam adorar os seus deuses, mesmo vivendo agora no país governado pelo Senhor. Salomão, que nessa altura já estava a ficar muito velho, cometeu um grande erro: cedeu à vontade delas, e mandou

construir altares aos deuses de fora. Foi até ao ponto de consentir que fosse prestado culto no próprio templo do Senhor a esses deuses.

Fora longe demais. O Senhor estava muito zangado com Salomão e o seu povo por terem permitido isto; tinham de ser castigados. Por isso, arranjou forma de pôr os Israelitas a discutir e a lutar entre si. Aquela que fora uma nação unida e pacífica estava agora dividida em duas. Os que viviam a Norte continuaram a designar-se a si próprios por "Israel" e arranjaram um novo rei. Os do Sul, perto de Jerusalém, tomaram o nome de um outro chefe tribal, e passaram a chamar-se "Judá". E tudo isto porque não tinham respeitado o acordo feito com o Senhor de que o adorariam a ele, e só a ele.

AS COISAS FICAM CADA VEZ PIORES

Após se terem instalado na terra prometida, os Israelitas começaram a pouco epouco a abandonar o seu antigo modo de vida.

Já não vagueavam pelo deserto com os seus rebanhos e manadas; em vez disso, passaram a cultivar a terra, tornando-se agricultores. Aprenderam a plantar

e a semear, pois sabiam que ainda estariam no mesmo sítio na altura do ano de fazer a colheita.

Mas depressa descobriram que as culturas precisavam de ser regadas; se o não fossem, secariam e morreriam. Sem chuva, as pessoas passariam fome. Assim, o melhor era fazer preces a implorar pela chuva. Mas a quem deveriam rezar? Ao Senhor? Não parecia boa ideia, porque o Senhor era óptimo quando se tratava de batalhas ou da destruição dos inimigos com pragas. Ele tinha demonstrado isso no Egipto, e no modo como derrotara os Cananeus. Era pois um deus de guerra. Mas que sabia um deus assim de *agricultura*? No fim de contas, não tinha ele passado a vida no cimo de uma montanha isolada no meio do deserto? É verdade que durante as deambulações deles pelo deserto antes de alcançarem a terra prometida, ele tinha velado para que não passassem fome, dizendo-lhes sempre onde encontrar água. Mas agora, que se tratava de fazer crescer as sementeiras, parecia-lhes melhor dirigirem-se aos peritos – os deuses que sabiam tudo sobre fazer chuva – ou seja, os deuses dos Cananeus.

Então, quando os Israelitas pensaram que o Senhor não estava a ver, começaram em segredo a reconstruir os altares aos antigos Baals. E foi assim que a adoração dos Baal começou de novo em todo o lado. Portanto não foi só o rei Salomão e as suas esposas estrangeiras que quebraram o acordo com o Senhor; toda a gente agora o fazia.

OS PROFETAS DA SALVAÇÃO

Bem, *toda* a gente, não. Havia alguns que nunca tinham esquecido a promessa feita ao Senhor, e dentre estes uns poucos especialmente escolhidos pelo Senhor para levar as suas mensagens ao povo – como Moisés fizera antigamente. Eram os chamados "profetas", que tinham por missão explicar ao povo o que é que o Senhor queria que se fizesse; depois tinham de dizer ao Senhor, em nome do povo, o quanto se sentiam tristes sempre que armavam tamanhas confusões.

Muitos dos profetas não queriam ser profetas, pois isso queria dizer que tinham de falar diante de muita gente, algumas vezes diante do próprio rei, e outras diante dos padres do templo. "Não sou muito bom nisso", queixavam-se ao Senhor. "Não poderias, Senhor, escolher outro? Tenho a certeza de que faria melhor do que eu...". Não era grande coisa a vida de um profeta, para não falar dos sarilhos em que muitas vezes se encontravam metidos.

Mas não adiantava discutir. Depois de se ser escolhido, não se podia recusar. E a razão era simples:

essas pessoas não eram como as outras. Estavam muito próximas do Senhor, e compreendiam-no. O Senhor sabia que poderia utilizá-las, pela experiência que tinham da vida, para revelar aos outros algo *dele*, como ele *realmente* era.

Foi por isso que, estando os Israelitas cada vez mais desobedientes e esquecidos das promessas feitas, o Senhor decidiu que era altura de lhes enviar os profetas...

O FAZEDOR DE CHUVA

Um destes profetas era um homem de aspecto temível, chamado Elias. Vagueava pelo país, usando vestuário grosseiro de pele de animal, e certa vez ficou a dever a vida aos pássaros que lhe levaram pedaços de comida; se não fossem eles, teria morrido à fome! Mas que vida aquela!

Elias foi encarregado de dizer a Acab, o rei de Israel, e a sua esposa Jezabel, quanto o Senhor estava zangado com eles; porque Jezabel era estrangeira, e conseguira que toda a gente, incluindo o rei, adorasse o deus *dela*, um dos Baals. Rainha poderosa, mandou matar os sacerdotes que eram leais ao Senhor, ajudada pelos 450 sacerdotes dos Baals que tinha colocado no país inteiro. Se estes assassinatos não fossem impedidos, em breve não existiriam mais sacerdotes do Senhor. Ele tinha de agir rapidamente. Convenceu o rei a reunir todos os padres dos Baals no mesmo local e ao mesmo tempo, incitando a multidão contra eles, e os sacerdotes dos Baals foram presos e transportados para um vale; e aí Elias deu ordem para que fossem todos mortos.

E não foi só o rei e a rainha que Elias repreendeu. Andou também por todo o reino, censurando o povo por não ser fiel ao Senhor. Vivia-se um longo período de seca, as colheitas morriam, e o povo fazia preces aos Baals pedindo chuva.

"Esqueçam os Baals. Façam antes preces ao Senhor", aconselhava Elias.

"Há-de valer-nos de muito", murmurava o povo.
Elias decidiu desafiar os Baals, e dirigiu-se a uma

montanha ali perto. Sentou-se, e pondo a cabeça entre os joelhos, começou a rezar.

A princípio nada aconteceu; mas, de repente, apareceu no céu uma nuvem muito pequena, que foi crescendo lentamente, e que à medida que crescia, ia ficando cada vez mais negra. A pouco e pouco ia cobrindo o céu, até que começou a chover a potes!

Como se pode imaginar, o povo ficou bastante impressionado com aquilo. Elias tinha demonstrado que o Senhor não era só um deus de guerra, mas que era também um deus capaz de proporcionar boas colheitas, de velar pelas necessidades do seu povo em tempo de paz, e também guiá-lo na guerra. Não havia necessidade de os agricultores rezarem aos antigos Baals cananeus. Só tinham que pedir ao Senhor.

E outra coisa ainda: o Senhor tinha posto nuvens no céu. Isso deveria dizer que ele era não só o deus da terra dos Israelitas, mas também o deus dos céus. E, como toda a gente sabe, o céu estende-se por todo o lado. Devia ser por isso que o Senhor conseguia fazer coisas assombrosas onde queria – não só na sua montanha ou em Canaã. Fora assim que ele lidara com os Egípcios. Que deus poderoso se estava a mostrar este deus dos Israelitas!

O HOMEM RÚSTICO
CONTRA A RAINHA MALVADA

Mas Elias estava agora metido num grande sarilho. Como podem imaginar, a rainha Jezabel ficou furiosa ao saber que todos os seus sacerdotes tinham sido mortos, e jurou que Elias haveria de pagar por isso. Seria perseguido até ser encontrado e morto. Perante isto, Elias deu corda às sandálias e voou para o deserto. "Já tenho a minha conta, Senhor", lamentou-se. "Deixai-me morrer aqui." (Eu bem disse que não tinha muita graça ser profeta.)

Mas Elias não morreu. Em vez disso, tempos depois, encontrou-se na mesma montanha onde Moisés tinha encontrado o Senhor tantos anos antes. Exactamente como tinha acontecido com Moisés, houve uma enorme tempestade: o vento rugia, a montanha estremecia ao mesmo tampo que, lá no alto, vomitava fogo.

Quando isto mesmo acontecera antes, os Israelitas, que esperavam cá em baixo, tinham na altura pensado que todo aquele barulho era a voz do Senhor a falar para Moisés. Mas Elias percebeu que não era nada disso. O Senhor estava de facto a falar para ele na montanha, mas a sua voz não era mais do que um ténue sussurro. Na realidade dificilmente se percebia qualquer som, porque o Senhor falava muito baixinho. Os *pensamentos* do Senhor estavam a ser calmamente introduzidos na mente de Elias. E tudo isto acontecia sem necessidade de qualquer som exterior!

Foi uma descoberta maravi-lhosa. A partir daí,

o povo aprendeu a ouvir a voz do Senhor. Não são necessárias explosões de vulcões ou procurar a voz do Senhor no ribombar do trovão. Ela pode chegar a todos, mesmo que rezem em silêncio.

(A propósito, a odiosa rainha Jezabel, finalmente foi atirada pela janela do palácio por dois dos seus criados. Encontrou a morte na queda, e o corpo foi comido pelos cães.)

O HOMEM QUE AMAVA A SUA CAPRICHOSA ESPOSA

Havia outro profeta, Oseias. Era um homem muito diferente de Elias. Tinha uma esposa a quem amava muito, mas que lhe causava muita infelicidade, porque passava a vida a divertir-se com outros homens.

Naqueles tempos, a lei era muito severa com estas coisas. Se uma mulher fosse infiel ao marido, era condenada à morte por lapidação. (Era rodeada por uma multidão, que lhe atirava pedras até ela morrer.)

Mas Oseias era um homem bom. Ele achava que, por pior que a mulher se comportasse, não podia deixar de a amar. Ela só tinha de dizer "desculpa": o coração dele derretia-se, e perdoava-lhe. Nunca a entregou aos tribunais para ser condenada e apedrejada; simplesmente acolhia-a sempre de volta.

E isso, por estranho que pareça, era exactamente aquilo que o Senhor sentia acerca do povo de Israel. Do mesmo modo que a mulher de Oseias andava com outros homens, também os Israelitas namoravam outros deuses, embora tivessem jurado só a ele serem fiéis. O Senhor sabia que, em rigor, deveria destrui-los por serem tão inconstantes. Mas, por uma razão qualquer, não se sentia com coragem para o fazer. Porquê?

Oseias conhecia a resposta. Era o primeiro a compreender que o Senhor realmente *amava* aquele povo que tão mal se comportava – do mesmo modo que ele não se podia impedir de amar a mulher tão estouvada. O acordo feito com Moisés não era do tipo frio, legal, "faço isto a ti se fizeres aquilo a mim". Era mais do género de um contrato de casamento baseado no amor. E, exactamente do mesmo modo que Oseias perdoava à mulher, também compreendia que o Senhor pudesse perdoar ao seu povo. Bastava que lhe pedissem desculpa, e prometer que no futuro tentariam não fazer os mesmos erros.

Era esta a mensagem que o Senhor agora pretendia que um dos seus profetas transmitisse ao povo. Para isso escolheu Oseias. Por experiência própria Oseias sabia o que era o perdão.

ABAIXO OS RICOS! VIVAM OS POBRES!

Quando os Israelitas começaram a dedicar-se à agricultura, uns tiveram mais êxito do que outros. E aqueles que foram mais bem sucedidos compraram cada vez mais terras; e contratavam cada vez mais servos. Os seus rebanhos e manadas cresciam; as vinhas proporcionavam torrentes de bom vinho. Construíam enormes mansões de pedra para viver e para mostrar a sua riqueza. E todas as semanas organizavam festas magnificentes para os amigos, sem olharem a despesas.

O facto de a maioria das pessoas ser desesperadamente pobre não os incomodava nada. Pelo contrário, obrigavam-nas a trabalhar pagando-lhes salários ínfimos. A preocupação deles era a de ficarem com as colheitas todas, mesmo que isso deixasse os filhos dos pobres à fome. Simplesmente não se ralavam nada com os outros.

Quanto ao Senhor, pensavam que enquanto lhe dessem uma parte dos proveitos – através de sacrifícios que iam fazendo no templo – ele estaria perfeitamente feliz com a maneira como as coisas estavam. Matar animais no altar era a forma que tinham de dar presentes ao seu deus – quer para mostrar gratidão por tudo o que fazia por eles, quer para o compensar quando o ofendiam. (Muitas vezes os sacrifícios eram uma fraude; as pessoas pensavam que seria um desperdício deitar fora toda a carne que resultava do abate de tantos animais. Portanto cozinhavam-na e comiam-na; por outras palavras os "sacrifícios" eram só uma desculpa para organizarem mais festas!)

Ninguém tinha coragem de elevar a voz e dizer como tudo aquilo era injusto. As pessoas tinham medo de que, se dissessem alguma coisa, lhes fosse ainda retirado o pouco que tinham para comer, e então morreriam de fome.

Mas então alguém começou a falar, e nos templos era ouvida uma voz que dizia "Estais a pisar os pobres! Roubais-lhes a comida! Negais-lhes a justiça!"

Quem falava assim? Ninguém o reconhecia – o que não era de admirar: era um pobre pastor do Sul, e o seu nome Amós. Toda a gente se admirava por ele se atrever a fazer tamanha agitação; mas Amós não tinha outro remédio,

porque o Senhor tinha-lhe dito para deixar os seus rebanhos e ir para a parte norte do país avisar os proprietários ricos de que o deus dele estava muito zangado; o Senhor estava mesmo horrorizado pela forma como tantas pessoas sofriam em consequência da avidez de uns poucos. Se os ricos pensavam que podiam livrar-se do castigo fazendo-lhe sacrifícios, estavam muito enganados. Os sacrifícios não os protegiam da fúria do Senhor. A não ser que arrepiassem caminho, faria com que um inimigo lhes invadisse o país, matasse o rei, e lhes tirasse todas as riquezas.

O Senhor revelava assim de novo como realmente era. Já mostrara como se tinha posto ao lado da nação oprimida (os Israelitas) contra a poderosa nação tirana (os Egípcios). Mas agora queria mostrar que não lhe interessavam somente os direitos das *nações*; também se preocupava com os direitos das *pessoas*, e mais com os pobres do que com os ricos. Para transmitir esta mensagem, o Senhor tinha de utilizar alguém que soubesse, por experiência própria, o que era ser pobre e ter fome. Foi por isso que escolheu para profeta este pastor desconhecido.

Mas os ricos recusavam-se a ouvir Amós. Não viam motivo para mudar as suas atitudes, e assim aquilo que Amós tinha profetizado aconteceu. Poucos anos depois de ele ter deixado a sua mensagem, a nação dos Assírios invadiu a metade norte do país (Israel), o rei foi morto, e a riqueza tirada aos ricos. Duzentos anos depois de o povo israelita ter sido dividido em dois, a metade norte deixava agora de existir como nação. Tudo o que restava era a metade sul: *Judá*.

DEUS PRINCIPAL

Ainda no tempo em que Oseias e Amós estavam em funções em Israel, surgiu um outro profeta, desta vez em Judá. O nome dele era Isaías. Qual era a mensagem especial que trazia do Senhor?

Ao contrário de Amós, era um dos que chefiava (mas não era como os outros ricos; preocupava-se muito com as necessidades dos pobres). Muito do seu tempo foi passado na corte do rei da Judeia, e sabia tudo o que havia para saber sobre o esplendor dos palácios, o poder dos reis, e de como era missão deles governar as suas nações de maneira sábia. Foi talvez por isso que a Senhor escolheu Isaías para lhe revelar algo sobre o *seu* próprio esplendor. Isaías teve uma visão – uma espécie de sonho em que via o Senhor no céu como um grande rei, enchendo com a sua glória a terra inteira. "A terra inteira" – e não só a terra de Judá. O que queria isso dizer ? Os Israelitas sabiam já que o Senhor podia actuar em países que não fossem o seu. (Ele era o deus do céu, lembram-se?) Mas esta visão parecia significar que o Senhor *governava* de facto a terra inteira, que tomava conta de *tudo*! Era o "Número Um", o maior de todos os deuses do mundo!

E isso não era tudo. O Senhor disse a Isaías que estava muito aborrecido por ver que o povo ainda não o compreendia. Os sacrifícios de animais, por exemplo: para quê toda aquela mortandade?

"Que significado tem isso para mim?" – perguntou o Senhor. "Não tenho qualquer prazer no sangue de touros, carneiros e cabras. Parem de me enviar oferendas sem sentido!"

Não, aquilo que o Senhor queria era que o povo vivesse bem; era isso que importava. Não era bom ser egoísta e cruel, e pensar que se podia resolver a questão matando uns tantos animais no altar. Fazer sacrifícios por alguém que genuinamente se ama está bem, mas já não está se é tudo fingimento e exibição.

Tal como Amós, Isaías avisou o povo dos tempos difíceis que haveriam de vir. Mas acrescentou também que não era caso para desanimar. Lembrou a todos que o "Messias" – o novo chefe prometido a Moisés – ainda estava para chegar. Seria um príncipe de paz que os governaria com sabedoria. Então, tudo ficaria bem.

O REI QUE TENTOU PÔR TUDO NOS EIXOS

Jeremias, filho de um sacerdote, era uma pessoa gentil e amável. Quando o Senhor o chamou para ser profeta, pediu para ser dispensado. "Sou muito novo", desculpou-se. (Era verdade, pois estava na casa dos vinte.) Mas não adiantou nada. Tal como outros profetas antes dele, iria descobrir que quando se é chamado a fazer algo pelo Senhor não pode haver esquiva.

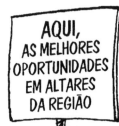

A primeira tarefa de Jeremias era semelhante à dos profetas anteriores a ele: tinha de avisar o povo para que deixasse de venerar outros deuses. Acontece que toda a cidade, aldeia e colina tinha um altar, onde eram feitos os sacrifícios. O que não constituía problema; problema era que em cada cidade que tinha o seu próprio altar, o povo falava de "o Senhor da *nossa* cidade". Aqueles que viviam noutro local tinham o *seu* próprio altar, e o *seu* próprio Senhor. Por outras palavras, tinham voltado aos velhos maus hábitos de venerar os deuses Baals!

Felizmente que Jeremias viveu num tempo em que Judá foi governada por um bom homem, o rei Josias. O próprio rei tinha decidido pôr cobro a toda aquela veneração de outros deuses de uma vez por todas. Mandou então destruir todos os altares, excepto um, que era o altar do grande templo de Jerusalém. De agora em diante, proclamou, quem quisesse oferecer sacrifícios ao Senhor teria que o fazer naquele único lugar, e em mais nenhum.

Era uma boa ideia, pois fazia os Israelitas despertarem para o facto de que estavam comprometidos a adorar um único deus.

A princípio, Jeremias ficou contente com o que o rei fizera; parecia-lhe um bom plano. Mas, pensando melhor, achou que concentrar a veneração só em Jerusalém não fora uma grande ideia, porque o povo começava a pensar que Jerusalém era o lugar onde o Senhor efectivamente vivia. Quem quisesse encontrar o Senhor tinha de se deslocar a Jerusalém para o visitar no templo dele, porque era ali que de facto ele estava. O que significava que as visitas a Jerusalém eram ocasiões muito, muito especiais. O que não tinha mal nenhum; o problema era quando a visita acabava:

quando as pessoas deixavam Jerusalém para voltar para casa, tinham a sensação de que o Senhor ficava para trás. Por isso, na maior parte do ano era como se o Senhor estivesse muito longe – ele estava em Jerusalém, e as pessoas nas suas cidades.

Não era isto que pretendia o rei, que sempre tentara deixar claro que o Senhor reinava em *todo* o país, e podia ser venerado tanto em casa como em Jerusalém.

Mas o povo não entendia assim; o que não era de surpreender, e com o Senhor ausente (era assim que pensavam), as pessoas começaram a viver as suas vidas da forma que queriam. Em lugar de obedecerem aos mandamentos transmitidos por Moisés, voltaram a cair em maus hábitos, os pobres eram maltratados, as viúvas abandonadas à fome.

O MENSAGEIRO NA LAMA

O Senhor estava zangado, e disse a Jeremias: "O meu povo esqueceu-me. Dizem que estão a salvo, que nunca mais lhes farei mal algum."

As pessoas tinham de saber que não era assim. Jeremias tinha de dizer a toda a gente, incluindo ao novo rei (o rei Josias tinha entretanto falecido) que era melhor que se emendassem. Senão, o Senhor castigá-los-ia levando os vizinhos babilónios a atacá-los.

A princípio as pessoas não levaram a sério os avisos de Jeremias; fizeram pouco dele e cobriram-no de insultos. Jeremias odiou aquilo, pois era um homem tímido. Jurou a si próprio que de futuro ficaria calado. Mas as palavras do Senhor *ardiam* dentro dele. E Jeremias compreendeu que, quer gostasse quer não, não poderia deixar de falar.

Foi levado à presença dos governantes. O novo rei estava furioso. Quem é que este Jeremias pensava que era, incomodando toda a gente e espalhando aos quatro ventos aquelas histórias aterradoras de guerra e destruição? Como é que se atrevia a dizer ao rei como é que ele deveria governar o país? E, de repente, Jeremias – tal como Elias antes dele – teve de fugir para proteger a sua vida, escondendo-se.

Mas foi apanhado. E, em castigo, foi deixado no fundo lamacento de um poço, sem nada para comer nem beber; e por ali ficaria se um amigo não tivesse ido lá içá-lo, restituindo-lhe a liberdade. Teve sorte em escapar com vida.

O que Jeremias tinha profetizado veio a acontecer: os Babilónios atacaram, invadindo Judá e tomando Jerusalém. Pior ainda, levaram consigo todos os tesouros do templo e incendiaram-no. Após ali ter estado durante 250 anos, nada restava agora do grande templo que o rei Salomão construíra.

Os chefes e outras pessoas importantes Judá foram levados para a Babilónia como prisioneiros de guerra.

E assim eram destruídas as duas partes em que o país fora dividido: primeiro a metade norte, Israel, e agora a metade sul, Judá.

Foi um desastre, como se fora o fim do mundo para o povo judeu: tinha perdido a sua nação. E, quanto ao deus deles, quem poderia dizer o que lhe tinha acontecido? Durante os últimos vinte e tal anos habituaram-se à ideia de que o Senhor só poderia ser encontrado naquele templo, templo que agora já não existia. O deus deles também ficara sem abrigo, como eles próprios. Ou, pior ainda, talvez ele tivesse sido destruído juntamente com o templo. As pessoas andavam tristes e confusas; não sabiam o que haviam de pensar.

Então foi entregue a Jeremias uma nova mensagem para ele a transmitir ao povo. Em vez das censuras pelo seu mau comportamento, como antes fizera, usava agora expressões de conforto. Ao contrário dos dirigentes, Jeremias não fora levado para a Babilónia, pelo que lhes escreveu uma carta de Judá, explicando-lhes que o Senhor continuaria a castigá-los pelas suas fraquezas durante os setenta anos seguintes. Depois disso, garantia que os Judeus voltariam para as suas terras. Ser-lhes-ia dada nova oportunidade, poderiam começar tudo de novo. Era uma mensagem de esperança para o futuro.

Jeremias também deveria dizer-lhes que a destruição do templo não era assim tão importante. O Senhor não deveria ser procurado nas ruínas de Jerusalém, deveria ser encontrado nos corações das pessoas.

Jeremias sempre soubera isso, e partilhava agora este conhecimento com os outros, dizendo-lhes que o Senhor estava sempre com eles – com todos e com cada um – onde quer que se encontrassem. O Senhor enchia os céus e a terra, e podia ser louvado em qualquer momento, em qualquer lugar, mesmo na Babilónia: sempre os ouviria. O Senhor não estava interessado em nações, ou países, ou construções; ele amava as *pessoas*. Não havia deus como aquele.

LOUCO ou GÉNIO ?

O Profeta Ezequiel era um homem estranho. Alguns pensavam que era louco.

Pouco depois de ter sido levado prisioneiro para a Babilónia, tivera uma visão absolutamente fantástica, de grandes nuvens de tempestade, clarões de luz rasgando os céus, e uma fornalha de metal fundido. No centro desta fornalha apareciam criaturas de quatro caras e quatro asas. Em baixo, no chão, encontravam-se rodas unidas umas às outras; em cima uma cobertura de gelo cintilante, e por cima dela um trono todo ornamentado de jóias, no qual se sentava uma figura que parecia um homem. Tinha o brilho do fogo, e resplandecia com os arco-íris que o rodeavam. Ezequiel não sabia ao certo o que estava a acontecer, mas sabia que devia estar na presença do Senhor. E assim prostrou-se no chão.

Esta experiência extraordinária deixou Ezequiel em estado de choque, que durou sete dias!

Quando conseguiu recuperar, procurou falar a outros desta visão, tentando descrever o que vira. Mas não o conseguiu; não havia palavras que pudessem descrever o que vira e sentira. Tudo o que sabia é que tivera um vislumbre de quão poderoso, temível e maravilhoso o Senhor era. O Senhor era maior do que o mundo, estava para além dos limites da imaginação humana.

Durante a visão, ouvira a voz do Senhor. Como acontecera com Jeremias,

Ezequiel deveria transmitir ao povo que tinha de se emendar, mas também deveria dar-lhe palavras de conforto. Um dia regressariam à pátria, a nação deles voltaria a levantar-se. Deveriam ter coragem: o Senhor estava a olhar por eles como um pastor olha pelo seu rebanho.

O HOMEM MISTÉRIO

Poder-se-ia pensar que os muitos Judeus que passaram a viver na Babilónia tivessem começado a venerar o deus vitorioso dos Babilónios. Mas, com o apoio de pessoas como Jeremias e Ezequiel, isso não aconteceu; continuaram a venerar o seu deus.

Passou o tempo, e por alturas do fim do longo exílio na Babilónia, entrou em acção um dos mais importantes profetas de sempre. Nada se sabe dele, excepto os seus ensinamentos, que se encontram na Bíblia, no livro das profecias de Isaías. Por esta razão, é conhecido por "segundo Isaías", embora alguns lhe chamem simplesmente "Isaías", (o que pode gerar alguma confusão!)

O Senhor disse a este homem: "Tal como os céus são mais altos do que a terra, assim são os meus desígnios mais altos do que os teus, os meus pensamentos mais altos do que os teus pensamentos." Isto significava que os simples humanos não poderiam nunca aspirar a compreender plenamente o Senhor – coisa que Ezequiel já compreendera antes, pela visão que tivera.

Deu-se então a mais surpreendente de todas as mensagens do Senhor. Ao longo do tempo, desde que o primeiro Isaías tivera a sua visão inesquecível do Senhor reinando sobre o mundo inteiro, parecia que nada restava para os outros deuses fazerem; eram na verdade inúteis. Foram estas as palavras que o Senhor transmitiu a Isaías:

"Eu sou o Senhor, e não existe outro;
além de mim, não há mais nenhum deus."

Aquela era a resposta: só havia UM DEUS ! Os outros deuses nada tinham para fazer porque não havia outros deuses; os Baals nunca tinham existido!

E de repente tudo começou a fazer sentido:

• Porque é que o Senhor sempre fizera tanta questão de os Israelitas o venerarem só a ele? Simplesmente porque não queria ver o seu povo a perder tempo e feitio a venerar deuses que nem sequer existiam. Daqui por diante poderia chamar-se simplesmente ao Senhor "Deus" – com maiúscula – porque não havia quaisquer outros deuses que se pudessem confundir com Ele.

- Porque é que ele pode deixar a sua montanha e passar a viver noutro país? Porque todos os lugares no céu e na terra lhe pertenciam; poderia viver onde quisesse. *Ele possuía tudo*! E não era só possuir, Deus explicou como tinha criado tudo: os céus, a terra, as pessoas, e todas as criaturas vivas.

• Como conseguira obrigar os Egípcios a deixar partir os Israelitas no Êxodo? Porque era o Deus dos Egípcios bem como o Deus dos Israelitas. Era o Deus de *todos* os povos. Tinha poder sobre tudo. E se tirara os Israelitas do cativeiro no Egipto, poderia um dia libertá-los também da Babilónia.

O Senhor era Deus de todos os povos, mas os Israelitas eram especiais para Ele; fora a eles que primeiro mostrara a sua verdadeira natureza. Agora eles tinham de transmitir essas novas para o resto do mundo. E por isto as outras nações fá-los-iam passar um mau bocado, do mesmo modo que eles fizeram sofrer os seus próprios profetas quando estes lhes traziam as mensagens do Senhor. Isaías falava de um "servo sofredor" que traria justiça a todas as nações, mas seria escarnecido pela sua lealdade para com Deus. Este servo tinha o significado de um símbolo da nação judaica, porque transmitia as mensagens do Senhor às outras nações. Mas não seria também uma profecia de que ainda estava para chegar uma *pessoa*, alguém que sofreria pelo seu povo?

REGRESSO AO LAR

Falar de "alguém que haveria de chegar" não seria anunciar a tão esperada chegada do Messias? Talvez fosse ele o encarregado de os trazer de volta à sua terra quando estivesse completado o exílio dos setenta anos. Era essa a esperança.

Cumpriram-se finalmente os setenta anos e o exílio chegou ao fim. Mas não foi graças a um Messias: os Babilónios foram

derrotados pelos Persas. Todos os territórios que haviam pertencido à Babilónia (incluindo Israel e Judá) passaram a fazer parte do Império Persa. E, com os novos senhores, os Judeus foram autorizados por fim a regressar a casa.

Ao chegarem a Jerusalém, no ano 520 a.C., lançaram mãos à obra da reconstrução do templo, que não ficou tão grandioso como o primeiro templo de Salomão (não tinham meios para isso), mas mesmo assim representou uma grande alegria para os Judeus.

E foi assim que os Judeus viveram duzentos anos sob o domínio persa; depois passaram a fazer parte de outro império quando os Persas, por sua vez, foram derrotados pelos Gregos. E depois disso, em 63 a.C., tornaram-se parte do Império Romano.

Em todo este tempo não surgiram profetas de muita envergadura. A época das grandes profecias chegara ao fim. O povo provavelmente pensou que isto se devia ao facto de Deus não ter nada mais de importante para revelar; e deixou de andar à procura de profetas, tratando simplesmente da sua vida.

Então, quando menos se esperava, apareceu uma pessoa tão extraordinária que eclipsou todos aqueles que antes haviam surgido. Vinha de um meio humilde

– o pai era carpinteiro. E vivia numa cidade pequena e sem importância. Não era rico, nem conduzia exércitos para batalhas. E no entanto era descendente do grande rei David. O seu nome: Jesus.

AQUELE CUJA VINDA ESTAVA ANUNCIADA

Quase toda a gente ouviu já falar de Jesus. Dois mil anos após a sua morte, milhões e milhões de pessoas em todo o mundo consideram-no a maior figura que já viveu sobre a terra. Porquê? O que é que o tornava tão especial?

Primeiro foram as coisas que ele disse. Ensinou aos seus discípulos a amar a Deus de todo o coração. Poderiam falar com Deus como seu Pai celestial, porque ele era amável, amigo e carinhoso, sempre pronto a ouvir. Tinham também que se amar uns aos outros. Isso não significava amar só os familiares e amigos – isso era fácil! Não, tinha que se amar *toda* a gente, incluindo até os nossos inimigos. Fosse o que fosse que nos fizessem, nunca se deveria tentar obter desforço: em vez disso, dever-se-ia perdoar. Isto era muito duro, mas foi aquilo que ele próprio fez, e que esperava que os seus seguidores fizessem. Tinham que considerar cada pessoa como se pertencesse a uma grande família, feita de irmãos e irmãs, tendo o mesmo Pai celestial a velar por todos.

Ensinou que se devia viver uma vida boa, no respeito da palavra de Deus. Isto em si não era novo, os outros profetas já antes o haviam dito. O que era novo era Jesus dizer que nem sequer devemos *pensar* em fazer coisas más. Só *pensar* era realmente tão mau como *fazer*.

Bem, pode pensar-se que isto era pedir demasiado. Ele queria que as pessoas fossem perfeitas, e ninguém era capaz disso! Mas a verdade é que Jesus era isso mesmo, nunca fez nada errado, sempre a ajudar os pobres, a confortar os tristes, a dar apoio àqueles que eram maltratados; dava vista a cegos e curava os que não podiam caminhar. Dava-se com toda a espécie de pessoas – e não só com pessoas importantes. E quanto ele pensou nas crianças! Costumava dizer aos mais velhos que se queriam ver o Reino de Deus, o melhor que tinham a fazer era serem como as crianças – não havia mesmo outra maneira! Isto deixava os adultos de boca aberta.

A vida perfeita que Cristo levava era outra coisa que fazia dele uma pessoa especial. Era a primeira e única vez que alguém conseguia tal proeza.

É natural que se pense que toda a gente queria ser amiga de uma pessoa tão maravilhosa. Alguns foram. Reuniu à sua volta doze amigos que largaram os seus lares e ocupações e o seguiram para toda a parte: viriam a

chamar-se os discípulos de Jesus. Havia também várias mulheres que lhe eram muito dedicadas; mas havia muitas outras pessoas que estavam contra ele. Parece estranho, mas tinha um grande número de inimigos. Talvez por ciúmes, talvez porque pensassem que ele os desmascarava. De qualquer modo, fosse qual fosse a razão, prenderam-no, torturaram-no, e mataram-no de forma cruel. Foi pregado a uma cruz de madeira, e deixado a agonizar até à morte no meio de terrível sofrimento. E no entanto Jesus nunca se queixou. Quando lhe estavam a espetar os cravos nas mãos e pés, Jesus perdoou aos que faziam aquilo.

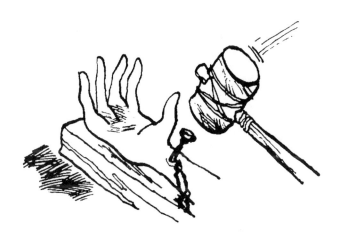

AQUELE QUE REGRESSOU

A maneira como Jesus viveu foi realmente invulgar. Mas alguma coisa ainda mais extraordinária estava parta acontecer – a terceira razão pela qual ele era tão especial. Três dias depois da sua morte, e do corpo ter sido enterrado, ressuscitou! Deus tinha-o erguido de entre os mortos.

Os amigos ficaram maravilhados. O que significava aquilo? Sempre souberam que ele era o melhor homem que alguma vez tinha vivido, mas isto mostrava que era ainda mais do que isso. E depressa concluíram que ele era nada mais nada menos do que o próprio Deus! Deus viera à terra sob a forma de um ser humano.

De repente as peças do *puzzle* encaixavam-se todas. À medida que lembravam a vida que ele levara, compreenderam que ele próprio sempre soubera que viria a morrer daquela morte terrível. Tinha permitido que isso lhe acontecesse, mesmo que, sendo Deus, pudesse tê-lo impedido. Oferecera-se como uma espécie de sacrifício para mostrar até que ponto Deus amava o seu povo, do mesmo modo que os Judeus ofereciam sacrifícios a Deus no templo para lhe demonstrar adoração. Embora Jesus nunca tivesse feito nada de mal, estava disposto a pagar pelos erros dos outros, de modo a criar de novo harmonia entre Deus e o seu povo.

Os discípulos lembraram-se que pela vida fora Jesus lhes dera umas deixas de quem realmente era – como, por exemplo, no modo como se descrevia a si próprio como o "Bom Pastor" (lembrem-se que fora exactamente assim que Ezequiel descrevera Deus). Houve também aquela ocasião em que os amigos lhe disseram como gostariam de ver Deus – o Pai que está no Céu – e Jesus respondera que vê-lo a ele – Jesus – era o mesmo que ver o Pai.

E perceberam de repente que Jesus era não somente Deus, mas era também o tão aguardado Messias, o Príncipe da Paz. O Messias finalmente chegara, e eles nem sequer tinham dado por isso! O que não era de surpreender, pois esperavam um Messias que fosse o defensor do povo judeu, o seu príncipe guerreiro. Mas Jesus parecera ser sempre um vencido – especialmente na maneira como tinha morrido.

E não só, pois viam agora que Jesus era também o "servo sofredor" de que falava Isaías.

Que aconteceu a seguir? Durante os poucos dias em que Jesus ressuscitado apareceu aos seus amigos, claro que só podia estar num lugar de cada vez. Mas isso não chegava. Nos anos que se seguiram, e até aos nossos dias, muita gente em todo o mundo iria necessitar da sua ajuda, e ao mesmo tempo. E isto não seria possível enquanto ele andasse por este mundo como um ser humano. E assim Jesus deixou de aparecer às pessoas em forma humana; recolheu ao céu, e mandou o Espírito Santo no seu lugar. Este era Deus invisível, Deus que *estava em toda a parte*. Deste modo podia estar com todos os amigos, onde quer que estivessem, sempre que precisassem dele. Aqueles que o seguiram partilharam a sua vida; ele iria agora partilhar a deles.

A HISTORIA DE DEUS ATÉ HOJE

Vimos até aqui como Deus ajudou o seu povo a saber cada vez mais acerca dele:

• Em vez de ser um deus entre muitos outros, ele era o *único* Deus, o Deus que poderia ser conhecido como nosso Pai Celestial, como Deus em forma humana (Jesus) e como Deus Espírito Santo.

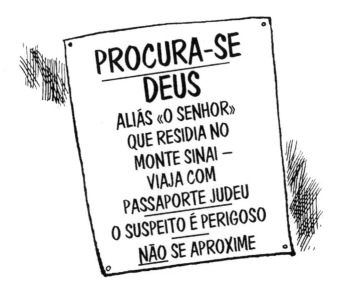

- Em vez de um deus que vivia somente numa montanha Deus é o Criador e Soberano de todo o Universo.

- Em vez de ser um deus que só se interessa pelos Israelitas, é o Deus de todos os povos.

- Em vez de ser um deus sempre zangado, ciumento e vingativo, é justo e caridoso.

- Em vez de ser um deus que parecia nada se importar com a morte das crianças egípcias, vemos Jesus que diz "deixai vir a mim as criancinhas".

- Em vez de um deus que exigia sacrifícios do povo, Jesus ofereceu-se a *si próprio* para ser morto pelos outros.

• Em vez de ser um deus que só se pode encontrar lá longe, nos céus, é o Deus que se tornou humano, e que pode viver no coração das pessoas.

• Em vez de ser um deus ameaçador, é o Deus que respeitamos e amamos.

Não é que Deus tenha mudado com os anos. Deus nunca muda; acontece simplesmente que agora compreendemos muito melhor como é que realmente Ele é – e levou tempo até que as pessoas percebessem isso bem. (Sabemos o que acontece quando se conhece alguém; ficamos com uma primeira impressão da pessoa. Mas à medida que o tempo passa começamos a conhecê-la melhor, e ficamos com uma ideia mais clara de como ela realmente é.)

Todas estas diferentes ideias acerca de Deus se encontram na *Bíblia*. A *Bíblia* é uma colecção maravilhosa de histórias, algumas muito antigas, outras mais recentes. Infelizmente estas histórias não aparecem sempre na

ordem por que foram escritas; e é preciso um bom bocado de trabalho de detective para fixar a verdadeira ordem. Mas agora que já sabem como Deus se revelou através dos tempos, deve ser bastante mais fácil encontrar o melhor caminho na leitura da *Bíblia*.

E A SEGUIR ?

Antes de Jesus partir para o céu, disse aos seus amigos que tinha mais coisas para lhes transmitir. Mas que deixaria isso para o Espírito Santo, que viria mais tarde para os conduzir ao caminho da verdade. Que é que aquilo queria dizer?

Podia querer dizer que ainda havia mais coisas a saber sobre Deus, mas que por qualquer razão as pessoas daquela época ainda não estavam preparadas para isso.

Por exemplo, até há pouco tempo pensava-se que os homens eram muito mais importantes do que as mulheres. As profissões importantes eram destinadas aos homens, enquanto as mulheres faziam as coisas banais. E assim era perfeitamente natural que naqueles tempos se pensasse que Deus era masculino. Mas agora essa ideia está a mudar. Agora reconhecemos que em todos os assuntos as mulheres são tão importantes como os homens. Então, porque é que Deus deveria ser mais homem do que mulher? Não será antes que Deus é tanto a nossa Mãe que está no céu como o nosso Pai celestial?

E o que se passa com outras religiões? Este livro tentou explicar como os cristãos conseguiram compreender Deus. Uma parte do percurso que fizeram é comum às religiões judaica e islâmica. Poderão pessoas de fé diferente enriquecer a sua compreensão da importância de Deus na vida humana partilhando ideias de outras religiões?

E há também o nosso conhecimento científico moderno. Os telescópios astronómicos, por exemplo, permitem-nos ver muito para além do Sol e seus planetas.

Mostraram-nos como o Universo é vasto, cheio de biliões e biliões de outros sóis (as estrelas). Deus deve ter feito tudo isso também. Portanto, é ainda maior e mais poderoso do que pensávamos.

Poderão existir formas de vida inteligente, nos planetas gravitando à volta desses sóis distantes? É muito possível. Se for assim, Deus será tanto o nosso Deus como o deles. Será que ele já os visitou na *forma* deles, como nos visitou em forma humana? Se algum dia nos encontrarmos com seres de outras proveniências, teremos de lhes perguntar!

Estão sempre a nascer novas estrelas e planetas, e assim estão provavelmente a surgir novas formas de vida a cada momento. Isto significa que Deus não terminou o seu trabalho de criação. Ainda hoje o está a fazer.

Estas são algumas das formas que temos de aprender mais acerca de Deus. Sem dúvida que vamos ter ainda muitas surpresas.

FIM ?!?

ÍNDICE

De que trata este livro	6
Deuses avarentos	11
Moisés encontra o Deus da montanha	15
A fuga do Egipto	19
Um acordo	22
A caminho da terra prometida	26
Os reis de Israel	29
As coisas complicam-se muito	33
As coisas ficam cada vez piores	36
Os profetas da salvação	39
O fazedor de chuva	41
O homem rústico contra a rainha malvada	45
O homem que amava a sua caprichosa esposa	48
Abaixo os ricos! Vivam os pobres!	51
Deus principal	56
O rei que tentou pôr tudo nos eixos	60
O mensageiro na lama	64
Louco ou génio?	68
O homem mistério	71
Regresso ao lar	76
Aquele cuja vinda estava anunciada	80
Aquele que regressou	84
A história de Deus até hoje	88
E a seguir?	92

Paginação, impressão e acabamento
da
CASAGRAF - Artes Gráficas Unipessoal, Lda.
para
EDIÇÕES 70, LDA.
Maio de 2001